CATÉCHISME
ANTI-RÉVOLUTIONNAIRE.

O mon peuple ! ceux qui vous disent heureux, vous séduisent. ISAÏE, c. 3.

JÉSUS, SAUVEUR DES HOMMES,
AYEZ PITIÉ DE LA FRANCE.

La justice élève les nations, et le péché rend les peuples malheureux. *Proverbes*, c. 14.

Craignez Dieu, honorez le Roi. *I.re épitre de saint Pierre*, c. 2.

Se vend, { à Montpellier, chez A. SEGUIN.
{ à Lyon, chez RUSAND.

1829.

AVIS.

Profondément affligé à la vue de cette guerre infernale déclarée, surtout depuis douze ans, à la religion et à la royauté, et poursuivie avec un zèle vraiment diabolique et des succès chaque jour plus effrayans, je me suis dit à moi-même : sans doute il sera permis à un catholique loyal, et à un royaliste sincère, de faire entendre sa faible voix, non aux philosophes impies qui repoussent la vérité connue, et qui savent bien dans quel précipice ils nous conduisent; mais à des royalistes abusés, qui croient bonnement que TOUT VA BIEN, parce qu'on n'a pas encore exilé les prêtres ni emprisonné Charles X. Qu'ils lisent donc eux, et tous ceux qui cherchent la vérité, ce petit écrit, rédigé sans autre prétention que celle du bien ; qu'ils voient les efforts redoublés de l'impiété et de l'anarchie, et qu'ils écoutent ensuite ce que leur dira une raison sage et éclairée. Je m'attends bien, du reste, à être taxé d'homme EXAGÉRÉ, non-seulement par les libéraux, mais encore par plusieurs royalistes qu'on appelle MODÉRÉS. Mais je répondrai aux premiers : vous vous fâchez ; tant mieux ! Ce qui vous afflige, vous libéraux, est précisément ce qui doit nous réjouir, nous royalistes dévoués. Je répondrai aux seconds : vous craignez toujours qu'on ne crie trop contre les révolutionnaires et qu'on ne les irrite davantage ; mais, de grâce, dites-le moi, sera-t-il temps de crier, quand les glaives seront levés sur vos têtes ! Ne faut-il pas vous avertir d'avance, pour vous faire éviter ce malheur ! Vous paraissez ne point craindre une nouvelle révolution ; vous la regardez comme impossible : mais ne voyez-vous pas que les principes qui ont fait celle de 1789, sont aujourd'hui plus répandus que jamais ! Ouvrez donc les yeux, et vous verrez que les impies appellent cette révolution de tous leurs vœux, et qu'ils la regardent comme très-prochaine. Alors sans doute, justement effrayés, vous vous efforcerez, par une conduite vraiment chrétienne et par de ferventes prières, de détourner le fléau qui nous menace.

N. B. Quelque étonnans que puissent paraître certains faits et quelques assertions ontenus dans ce petit écrit, ils sont tous néanmoins si avérés et si constans, que je ne craindrais pas d'en soutenir la vérité devant qui que ce soit.

CATÉCHISME
ANTI-RÉVOLUTIONNAIRE.

———

PREMIÈRE PARTIE.

SOCIÉTÉ, SURTOUT EN FRANCE, ET LEURS CAUSES.

CHAPITRE Ier *Caractère du 19.e siècle.*

Demande. Que faut-il penser de notre siècle?

Réponse. Les nouveaux philosophes prétendent que c'est le siècle des lumières, du perfectionnement de l'esprit humain, en un mot, un siècle dont la gloire surpasse de beaucoup celle des siècles précédens. Au contraire, les gens sensés, qui s'en tiennent aux principes reçus depuis six mille ans, appelleraient volontiers notre siècle, le siècle de l'ignorance, de l'égoïsme, de la mauvaise foi, de l'injustice, du libertinage et de l'impiété.

D. Est-ce bien sérieusement que vous appelez notre siècle, un siècle d'ignorance?

R. Oui, très-sérieusement, du moins pour ce qui concerne le point le plus essentiel de tous, celui de la Religion. Pour vous en convaincre, interrogez l'un de ces soi-disans philosophes, sur cet article important, et vous verrez qu'il vit dans une profonde ignorance de ce qui devrait l'occuper sans cesse; qu'il n'a pas les connaissances les plus communes de Dieu et de ses lois saintes, qu'il ignore les premiers mystères; en un mot, qu'il en sait moins, en fait de religion, qu'un enfant de dix ans qui a bien appris son catéchisme. Eh! comment pourraient-ils la connaître notre religion sainte, ces hommes qui ne l'ont étudiée que dans les livres impies! et les journaux anti-chrétiens ; faits tout exprès pour la combattre ? Faut-il s'étonner, après cela, qu'ils n'en parlent que pour l'outrager, pour la *blasphémer?* Qu'on les appelle savans tant qu'on voudra, je répondrai hardiment qu'avec toutes leurs connaissances en physique, en littérature, en histoire, etc., ils sont de vrais ignorans, puisqu'ils manquent de la seule science nécessaire, de la seule que Dieu exige d'eux, la science du salut, sans laquelle ils ne seront que de malheureux réprouvés.

D. Pourriez-vous prouver que nous sommes au siècle de l'égoïsme ?

R. Rien de plus facile. Qu'on voie ce qui se passe sur la scène du monde, et on en sera pleinement convaincu. En effet, dans quel temps a-t-on vu tant d'indifférence et de froideur pour la vertu délaissée et persécutée ? Dans quel temps a-t-on vu autant d'éloignement pour les asiles de la douleur, qu'on en voit de nos jours ? Autrefois bien des personnes allaient consoler les malheureux de toute espèce, dans les prisons et les hôpitaux, et les servir même en personne ; mais aujourd'hui on se contente de dire froidement que ces misérables souffrent ce qu'ils ont bien mérité. Autrefois on s'appliquait à secourir les pauvres, et surtout à leur donner une éducation chrétienne ; aujourd'hui on parle de les enfermer. Autrefois grand nombre de riches employaient une partie de leur fortune à élever des établissemens propres à soulager tous les besoins de l'humanité souffrante, aujourd'hui presque tous ne pensent qu'à accumuler trésor sur trésor. N'est-ce pas là un parfait égoïsme ? O charité de nos pères, qu'êtes-vous devenue !

D. Mais, du moins, ne sommes-nous pas au siècle de la mauvaise foi.

R. Oh ! ici il nous suffirait de l'aveu de nos adversaires ; car la vérité sort quelquefois de la bouche de ses ennemis. Ecoutons-les donc, dans leurs momens de calme, sur le point qui nous occupe. Qu'entendrons-nous? mille plaintes touchant le peu de fond qu'on peut faire sur les hommes, sur les tromperies d'un grand nombre, sur les chicanes sans fin dans les procès, sur la nécessité de veiller continuellement pour n'être point dupe et de se défier de tout le monde. Mais pourquoi les nouveaux philosophes se plaignent-ils des fruits que produisent tous les jours leurs leçons ? Pourquoi s'irritent ils contre tant d'hommes, parce qu'ils sont tels qu'ils les ont faits? Enfin si la bonne foi est aujourd'hui presque bannie du monde, n'est-ce pas le résultat naturel de cette maxime détestable qu'ils professent si haut : qu'*il n'y a que l'intérêt propre qui doit nous guider?* Qu'ils changent donc de langage et de conduite, qu'ils apprennent au peuple, surtout par leurs exemples, à être vraiment religieux. Bientôt ils le verront équitable et de bonne foi.

D. Auriez-vous aussi des preuves pour établir que nous nous trouvons au siècle de l'injustice ?

R. Ces preuves sont si multipliées qu'on n'est en peine que d'en faire le choix pour n'être pas trop long. Vous entendez souvent parler de banqueroutes (moyen si facile de faire fortune aux dépens d'autrui); mais vous ignorez peut-être leur nombre prodigieux. Sachez donc qu'en une seule année il y a eu en Angleterre quatre mille sept cents banqueroutes; qu'à Paris, dans la même année, et uniquement dans le commerce de la librairie, il y en a eu soixante-dix. Jugez par-là quel nombre il a dû y en avoir dans toute la France composée de plus de trente millions d'habitans, et comprenez combien d'injustices il se commet aujourd'hui. Sans doute ces banqueroutes ne sont pas toutes frauduleuses, mais il faudrait être bien imbécille pour juger que toutes sont innocentes , puisque nous voyons un grand nombre d'hommes qui, après avoir failli pour quinze et dix-huit cent mille francs, reparaissent bientôt avec le même train qu'auparavant, et comme pour insulter à leurs victimes. Que n'aurions-nous pas à dire de ces usures criantes de quinze, vingt et quelquefois cinquante pour cent par an, dont on entend parler assez souvent et qui causent la ruine des familles ? Non, jamais il ne se commit autant d'injustices qu'aujourd'hui.

D. Que dites vous des mœurs de notre siècle ?

R. Ici l'indignation s'empare de moi, et je ne trouve plus d'expressions pour rendre la douleur profonde dont je suis pénétré. Jetez un coup d'œil sur l'univers dégradé par un vice que saint Paul nous défend de nommer, et vous verrez si, comme au temps du déluge, *toute chair n'a pas corrompu sa voie.* Partout se présente aux regards affligés de toute ame honnête une jeunesse dépravée, dont les pensées, les désirs, les paroles et les démarches ne tendent qu'à satisfaire la passion tyrannique et dégradante qui les domine, qui les consume et en enlève plusieurs au milieu de leur course. Parcourez les villes ; qu'y verrez-vous ? Des salles de spectacle qui s'élèvent de tous côtés, et dont quelques-unes coûtent jusqu'à quinze cent mille francs. On sait bien cependant que des auteurs très-graves et non suspects ont regardé le spectacle comme l'école du vice honteux, qui perd les trois quarts et demi du genre humain. Mais qu'est-ce que tout cela fait à notre siècle, et que lui importe ? Ramasser et s'amuser, voilà toute son occupation ; ne lui parlez de rien autre chose. Enfin, que nous apprennent les journaux ? Que sur 3o mille enfans qui naissent à Paris dans une seule année, il y en a plus d'un tiers qui sont le fruit du crime. Calculez maintenant, et voyez quelle énorme énumération vous aurez à faire pour toute la France, dans une année. Que serait-elle donc pour dix et vingt ans ! Non, rien n'égale la dépravation de notre siècle et de notre patrie, si ce n'est son impiété.

D. Notre siècle est donc bien impie ?

R. Hélas ! c'est là la grande plaie de la société, surtout en France. Regardez autour de vous, et vous en apercevrez mille preuves. Allez au bas d'une église un jour de solennité, et vous verrez une foule de jeunes incrédules se tenir avec moins de décence dans le lieu saint, qu'ils ne le feraient dans un salon, et affronter ainsi le Dieu trois fois saint jusque dans son sanctuaire. Lisez les journaux, et vous y apprendrez que la violation des églises, que la profanation la plus révoltante de la divine Eucharistie, que le vol des vases sacrés, sont devenus des actes si fréquens, si ordinaires, qu'on ne les compte plus que par centaines, et qu'on ne semble plus y faire attention.

Mais ce qu'il y a de souverainement affligeant, c'est que l'impiété nous assiége de toutes parts. Avant le règne du libéralisme, un impie déclaré était un monstre rare et qui inspirait à tous les gens honnêtes une extrême horreur. Aujourd'hui, hélas ! tout est rempli de ces ennemis de Dieu et du genre humain. Chaque famille presque en compte un ou même plusieurs, et l'on n'y pense point ! et l'on vit tranquille au milieu de ces hommes pervers, qui dans le paganisme même eussent éprouvé toute la rigueur des lois ! Des parens chrétiens ont des enfans impies, et ils ne meurent point de douleur ! Que dis-je ? ils les laissent s'enfoncer de plus en plus dans cet abîme affreux ! Et ils n'usent point d'une juste sévérité ! Oh !.. qui me donnera des larmes de sang pour déplorer les ravages de l'impiété et la perte des ames sans nombre qu'elle entraîne dans le précipice ! Que ne puis-je inspirer à tous les parens chrétiens le zèle de sainte Monique pour la conversion de leurs enfans impies ! Que de nouveaux Augustins n'aurions-nous pas alors la consolation de voir ! Oh ! s'ils avaient autant d'ardeur pour les détourner de l'impiété, qu'ils en ont pour leur procurer des avantages temporels, combien de conversions viendraient nous réjouir!

CHAPITRE II. *De la nouvelle philosophie.*

D. D'où nous viennent tant et de si grands maux?

R. Ils nous viennent de la nouvelle philosophie, qui, si on la laisse faire encore quelque temps, se propose de détruire toute sorte d'autorité et de puissance légitime, et de nous ramener aux jours affreux de 1793.

D. Serait-ce donc là le dessein de la philosophie? Ce terme ne signifie-t-il pas *amour de la sagesse, et recherche de la vérité,* amour par conséquent de l'ordre, du bien et de la paix?

R. Cela est vrai, selon les gens sensés; mais d'après les nouveaux philosophes, tout est changé. Ainsi il ne faudra plus dire philosophie, *amour de la sagesse, recherche de la vérité* ; mais bien: philosophie, *amour de la sottise et de la folie, et recherche de l'erreur.*

D. Mais comment prouverez-vous une assertion si étrange?

R. Rien de plus facile. Vous n'avez qu'à lire les ouvrages des philosophes impies, et vous verrez qu'ils ont épuisé les absurdités et les folies. Ecoutez-les ces sages si vantés, ils vous diront sérieusement que l'homme est une *plante,* un *animal;* et ils ne rougiront point de vous envoyer dans les forêts pour chercher vos semblables. Ils vous apprendront encore que c'est une même chose d'outrager ses amis et de leur faire du bien ; que la religion nous rend stupides, et la piété, fanatiques. Eh ! que n'ont-ils pas avancé! Un volume entier ne suffirait pas pour renfermer toutes leurs extravagances.

Quant à la recherche de l'erreur de la part des nouveaux philosophes, c'est un fait constant qu'ils n'ont point laissé une seule vérité à combattre.

Plus hardis que les philosophes païens, ils ont osé nier l'existence de Dieu, l'immortalité de l'ame, l'éternité des peines de l'enfer : il n'y a pas jusqu'à leur propre existence qu'ils n'aient mis en doute, point d'absurdité qu'ils n'adoptent contre la révélation divine. En un mot, c'est ici proprement le combat de l'erreur contre toute vérité. Dans le cours des siècles, les vérités ont été combattues une à une par les différens hérésiarques; aujourd'hui toute vérité déplaît, on la déteste, on n'en veut plus sur la terre. On veut l'erreur, le désordre, le cahos, l'enfer ! ! ! Et voilà ce qui explique ces paroles affreuses, prononcées en France par des langues sataniques, *VIVE L'ENFER! A BAS LE CIEL!* Telle est la nouvelle philosophie, point d'horreurs et de forfaits qu'elle ne soit capable de consommer.

D. Quels ont été les principaux propagateurs de la nouvelle philosophie?

R. Voltaire et J.-J. Rousseau, qui peuvent en être regardés comme les patriarches et les coriphées.

CHAPITRE III. *De Voltaire et de J.-J. Rousseau.*

D. Qu'était Voltaire?

R. Voltaire était un bel esprit, un écrivain agréable, doué d'une facilité rare; en un mot, un homme né avec toutes les qualités propres à lui faire acquérir sur son siècle la plus grande influence.

D. Quel usage Voltaire fit-il de ces précieux avantages ?

R. Hélas! par un abus énorme, il tourna contre la vérité et la vertu des armes que Dieu ne lui avait accordées que pour le soutien de cette double cause; et il devint ainsi pour la religion et la société toute entière, le fléau le plus terrible qui eût encore existé. Non, jamais Luther, Calvin et tous les autres séducteurs, n'ont fait tant de mal au christianisme que Voltaire tout seul. Ceux-là, il est vrai, ont désolé des provinces et quelquefois des royaumes entiers; mais Voltaire a ébranlé et désolé presque tout l'univers.

D. Mais enfin, Voltaire n'a-t-il pas été un grand homme ?

R. Oui, Voltaire a été grand par sa méchanceté, grand par son hypocrisie, grand par son impiété, grand enfin par sa dépravation.

Je dis grand par sa méchanceté, c'est là du moins le jugement qu'il en portait lui-même : *Je deviens méchant sur la fin de ma vie*, disait-il dans une de ses lettres ; et sa propre nièce, madame Denis, en lui écrivant, *ne me forcez pas à vous haïr*, lui disait-elle, *vous êtes le dernier des hommes par le cœur.* L'apostrophe était *verte*, il faut l'avouer, mais elle était vraie. Si cela ne vous persuade pas encore, écoutez le lui-même adressant la parole à tous les disciples de Jésus-Christ : « *Ah ! chiens* » *de chrétiens, que je vous déteste ! c'est bien* » *dommage que les philosophes ne soient ni assez* » *nombreux, ni assez zélés, ni assez riches pour* » *aller détruire par le fer et la flamme ces ennemis* » *du genre humain, et la secte abominable qui a* » *produit tant d'horreurs.* » « *Je voudrais*, dit-il » ailleurs, *MANGER le cœur des juges du chevalier* » *Labarre.* » Ne sont-ce pas là des sentimens et des paroles dignes d'un antropophage ?

Grand par son hypocrisie. Dans le temps qu'il combattait le christianisme avec le plus de haine et d'acharnement, il a eu la sacrilége audace, le malheureux ! de faire quatre communions dont la pensée fait horreur, et dont il osait encore plaisanter. Qu'il vienne, après cela, nous parler d'hypocrites et de tartufes ; nous lui répondrons qu'il est lui-même le plus insigne tartufe et le plus grand hypocrite.

Grand par son impiété. Par un secret jugement de Dieu, il fut donné à cet homme ennemi, de prolonger sa carrière jusqu'à l'âge de 84 ans. Déjà avant 1730, c'est-à-dire 50 ans avant sa mort, il avait juré de consacrer ses travaux et sa vie toute entière à la destruction du christianisme, et jamais il n'oublia cet affreux serment. C'est à cette fin qu'on le voit employer tour à tour, l'ironie la plus maligne, le sarcasme le plus révoltant, et les blasphèmes les plus exécrables, contre ce qu'il y a de plus sacré dans notre religion sainte, contre la personne adorable de J. C. Sa haine contre le christianisme est si profonde et si envenimée, qu'il ne se lasse point de l'inspirer toute entière à ses amis. Il les accuse de lâcheté à cet égard, et les conjure de *consoler sa vieillesse*, en s'animant du même zèle que lui. Cent et cent fois il leur répète ces paroles diaboliques, avec lesquelles il termine presque toutes ses lettres : *ATTAQUEZ L'INFAME* (la religion), *POURSUIVEZ L'INFAME SANS LUI DONNER UN MOMENT DE RELACHE, AVILISSEZ L'INFAME, COUREZ TOUS SUS A L'INFAME, ÉCRASEZ L'IN-FAME !!!* Grand Dieu ! est-ce là un homme qui parle ? ou plutôt n'est-ce pas un démon sorti de l'enfer, qui ose ainsi outrager le chef-d'œuvre de la sagesse divine ? L'impie ! au milieu des acclamations de la franc-maçonnerie, il aura l'audace de proférer le nouveau blasphème : *CE TRIOMPHE VAUT BIEN CELUI DU NAZARÉEN.* Enfin, *il meurt les armes à la main contre la religion.*

Grand par sa dépravation. Oui, Voltaire, cet homme si orgueilleux, fut le plus vil esclave des passions déshonorantes. Depuis le jeune âge jusqu'à la vieillesse la plus avancée, *les yeux* de cet impie furent pleins de fornication et d'*adultère*, et sa conduite très-déréglée. Ses désordres sont connus partout. La Hollande, Paris, Berlin, l'Allemagne, Ferney et cent autres endroits deviennent successivement le théâtre de ses débauches. Peu content d'outrager la vertu dans sa personne, il l'outrage encore plus dans des écrits orduriers. Sous les yeux d'une marquise qu'il entretient pendant long-temps, il ne rougit point de composer lè poème le plus licencieux et le plus dégoûtant. *O INFAME VIEIL-LARD !* qui pourra concevoir toute la dépravation de ton cœur ? Non, l'abominable *Sodome* n'eut jamais consenti à te recevoir dans son sein, et *Paris te couronna ! ! !*

A présent qu'on dise, tant qu'on voudra, que Voltaire fut grand par ses talens : je répondrai que l'usage qu'il en a fait le rend le plus vil et le plus coupable des hommes.

D. Quelle a été la fin de Voltaire?

R. Je ne crains pas d'avancer, d'après le maréchal de Richelieu et le médecin Tronchin, témoins oculaires et non suspects, que Voltaire a eu une fin en tout digne de lui. *Abandonné de Dieu et des hommes,* comme il s'en plaint lui-même alors avec des cris affreux, il éprouve toutes les rigueurs de ce funeste délaissement. Déchiré par de cruels remords, et agité comme une furie, il dévore ses propres excrémens. Enfin, comme un autre Néron, il meurt dans les horreurs du désespoir, après avoir imité et même surpassé ce prince dans sa haine contre le christianisme, et plus encore dans les coups qu'il lui a portés.

Maintenant, jeunes gens, et vous tous qui avez été séduits par les écrits de Voltaire, venez entourer son lit de mort ; voyez ce *fanfaron d'impiété* pendant ses belles années, aujourd'hui écrasé sous le poids de la colère divine, et devenu un exemple effrayant pour vous tous. Apprenez enfin qu'il y a au ciel un juste vengeur du crime, qu'*on ne se moque* pas de lui *impunément,* et qu'il *est horrible de tomber entre les mains d'un Dieu vivant* et irrité.

D. Quel jugement portez-vous de J.-J. Rousseau ?

R. J.-J. Rousseau fut doué de génie et de talens propres à le rendre justement célèbre, et à en faire le plus habile, comme le plus vigoureux défenseur de la vraie croyance, de l'ordre et des bonnes mœurs : mais par un abus déplorable de ces mêmes qualités, il est devenu le plus dangereux ennemi de la foi, de la vertu, et de la soumission due aux puissances établies de Dieu. Homme bizarre et extrême, s'il en fut jamais, Rousseau consigna dans ses écrits les paradoxes les plus nombreux et les plus révoltans. N'en soyons pas surpris, au reste; car lui-même nous apprend, *qu'il vivait dans le pays des chimères, qu'il était dans de continuelles extases*, et que ce furent dix années *d'une fièvre continue et sans sommeil* qui lui firent produire ses principaux ouvrages, *la Nouvelle Héloïse, le Contrat social* et *l'Émile.* Voilà donc la source de tant de contradictions palpables; une imagination bouillante et malade. C'est ce qui a fait avancer à Rousseau tant d'absurdités, et lui a fait trouver l'art, comme il dit lui même, de *se jouer du public et de faire parade de son éloquence, en prouvant successivement le pour et le contre, et promenant ses lecteurs du blanc au noir, pour se moquer de leur crédulité.*

D. En quoi Rousseau se distingua-t-il principa·lement ?

R. Rousseau se montra le plus orgueilleux, le plus extravagant, le plus égoïste, le plus passionné et le plus inhumain des hommes.

Le plus orgueilleux. C'est lui-même qui nous parle *des illusions de son sot orgueil.* Eh ! quel plus grand orgueil que celui d'un homme qui, avec sa seule raison, se croit suscité pour donner à tout l'univers des lois plus sages que celles de l'Evangile, qui veut renverser les principes immuables qui régissaient tout le monde depuis six mille ans, et substituer à leur place les conceptions insensées d'un cerveau *volcanique?* Voila cependant ce qu'a prétendu faire Rousseau dans son *Contrat social*, ouvrage où, selon un auteur célèbre, il se trouve autant de contradictions que de mots. Quel plus insupportable orgueilleux que celui qui ne croit à la vertu de personne, et se regarde comme le seul vertueux?

Aussi, pour le punir, Dieu a t-il permis qu'il fût le plus extravagant des hommes. Certes, on ne peut récuser son propre témoignage. Écoutez-le donc vous apprenant lui-même qu'il fut *l'être le plus extravagant et le plus chimérique que le délire de la fièvre puisse faire imaginer.* Entendez le encore avouant avec naïveté que *la jeune personne qui lira son Héloïse sera perdue,* et lui conseillant néanmoins très-sérieusement de lire ce roman, le plus dangereux qui existe et qui a effectivement perdu une infinité d'ames. Rousseau vous dira aussi qu'il *ne prie point Dieu, parce qu'il n'a rien à lui demander,* et il vous apprendra en même temps à *faire vos prières avec recueillement et attention.* Enfin, pour choisir entre mille autres extravagances, Rousseau, après avoir, dans ses Confessions, révélé au monde les crimes et les turpitudes d'une vie abominable, *défie qui que ce soit de se dire meilleur que lui.*

Le plus égoïste. Rousseau, en effet, ramène tout à lui-même, et ne voit jamais que lui; il corrompt les actions des autres par des interprétations malignes. C'est un vrai misanthrope qui ne peut vivre avec personne, qui crie contre tout le monde et se plaint de ses plus constans et dévoués bienfaiteurs. C'est un parfait ingrat. « *Malgré mon* » *ingratitude naturelle, nous dit-il lui-même, il ne* » *m'en coûte rien pour être obligé. Tout bienfait* » *exige une reconnaissance, et je me sens le cœur* » *ingrat pour cela seul que la reconnaissance est un* » *devoir.* » Opprobre éternel à ce philosophe!

Le plus passionné des hommes. « *J'ai,* dit-il » *lui-même, des passions très-ardentes, et tandis* » *qu'elles m'agitent, rien n'égale mon impétuosité;* » *je ne connais plus ni ménagement, ni respect,* » *ni bienséance. Je suis cynique, effronté, violent,*

» *intrépide. Il n'y a ni honte qui m'arrête, ni* » *danger qui m'effraie.* » Que dire après cet aveu! Tout ce que je pourrais ajouter ne servirait qu'à affaiblir la force de ses paroles. Voilà donc le grand réformateur de tout l'univers dépeint par lui-même comme l'homme de tous le plus emporté et le plus vicieux.

Enfin Rousseau est le plus inhumain des hommes, et cela encore de son propre aveu. « *Si j'eusse* » *été dans telle place que je pense,* dit-il, *je* » *serais devenu presque inévitablement tyran, con-* » *cussionnaire, destructeur du peuple, nuisible* » *auprince, ennemi, par état, de toute humanité,* » *de toute équité, de toute espèce de vertu.* » Voilà qui est clair. Ne soyons plus étonnés, après cela, de voir ce précepteur de morale sublime, abandonner cruellement les siens. Oui, les cinq enfans, fruit de son union coupable avec Thérèse Levasseur, sont tous, sans pitié, envoyés à l'hôpital, et ce père dénaturé prend toutes les précautions imaginables pour que jamais on ne puisse en reconnaître un seul. Quelle barbarie! Il a bonne grâce de nous vanter sa bienfaisance pour tous les hommes, quand il est lui-même si cruel pour ses propres enfans!

D. Quelle fut la fin de Rousseau?

R. Jamais peut-être l'oracle divin qui déclare que *l'orgueilleux sera humilié*, n'a été plus rigoureusement accompli que dans la personne de Rousseau. Non, il ne suffira pas à la vengeance céleste que cet homme ne soit qu'extravagant, comme il l'a été pendant toute sa vie; mais il faudra que plusieurs années avant sa mort la raison lui soit ôtée, et qu'on le voie fréquemment dans toutes les agitations et les allures d'un véritable fou. Ce n'est pas tout, il faudra encore que ce fou devienne lui-même son propre bourreau et qu'il se débarrasse d'une existence qu'il ne pouvait plus supporter. Voilà deux faits constans et avoués par trois de ses admirateurs. « Il est donc devenu fou, s'écrie un auteur, » cet esprit si élevé, cet écrivain si éloquent, ce » législateur si profond, cet homme qui exaltait » si fort les prérogatives de la raison ! » C'est ainsi que Dieu venge sa gloire outragée par des mortels orgueilleux.

Admirateurs de Rousseau, vantez-nous votre héros, mais n'oubliez pas que vous prenez pour maître un fou et un suicide.

Tels ont été Voltaire et Rousseau, *deux hommes qui ont perdu la France*, comme le disait l'infortuné Louis XVI, qui ont été les principales causes de la révolution française et de toutes ses horreurs: qui chaque jour précipitent en enfer plusieurs milliers d'ames. Voltaire, l'homme le plus méchant et le plus impie qui eût encore paru : Rousseau, le plus insensé et le plus égoïste; voilà ceux qu'on nous représente sérieusement comme les grands réformateurs de l'univers. Quelle inconcevable folie! Mais, qui le croirait? Voilà ceux dont M. Lacretelle, auteur de l'Histoire de France pendant le 18.ᵉ siècle, ne rougit pas de dire *qu'ils furent animés d'une grande passion pour le bonheur de leurs semblables...* Parens et instituteurs, gardez-vous donc de mettre entre les mains des jeunes gens dont vous êtes chargés, une histoire qui leur ferait regarder comme insignes bienfaiteurs des hommes, deux auteurs qui par leur doctrine en sont les plus mortels ennemis.

CHAPITRE IV. *Des mauvais livres.*

D. Quel est le grand moyen dont les philosophes se sont servis pour perdre la religion et la société?

R. Ce sont les livres impies, séditieux et obscènes, dont l'Europe entière, et surtout la France, sont inondées depuis environ douze ans.

D. Est-ce donc qu'avant cette époque il n'existait pas de ces livres?

R. Il en existait sans doute, puisque c'est là ce qui a fait la révolution française, mais le nombre en était infiniment moindre qu'aujourd'hui. En effet, Buonaparte ne se croyant pas, disait-il lui-même, *assez fort pour gouverner une nation qui lirait Voltaire et Rousseau*, ne voulut jamais permettre que les ouvrages impies et incendiaires de ces deux génies malfaisans fussent réimprimés, quelque instance qu'on lui en fît. Aussi les révolutionnaires, long-temps comprimés par la crainte du despote, n'en vinrent-ils pas, aussitôt après la restauration, à ce moyen si simple de perdre la France? Ils commencèrent par les conspirations ourdies à Lyon, à Grenoble, et sur tant d'autres points. Mais leurs ténébreuses menées sont partout déjouées. Que font-ils alors? ils se concertent entre eux et prennent des conseils infernaux. Nos bras, disent-ils, ne sont pas encore assez vigoureux pour renverser le double monstre, la religion et la royauté. Mais voici la liberté de la presse, aujourd'hui tout autrement entendue qu'au temps de Buonaparte: faisons-la donc servir à nos desseins. Qu'elle propage les doctrines philosophiques. Egarons les esprits, corrompons les cœurs, nous aurons ensuite les bras du peuple devenu impie et libertin. Aussitôt toutes les presses de Paris sont en mouvement, les livres infernaux en sortent tous les jours par milliers. En vain des voix éloquentes signalent le danger, en vain l'illustre évêque de Troyes, M. de Boulogne, montre, dans une instruction pastorale, tout ce que cette nouvelle mesure diabolique présage de malheurs pour la France; il ne sera pas écouté, et l'audace des impies ira toujours croissant.

D. Quel est le nombre de ces livres imprimés depuis douze ans?

R. Ce nombre a de quoi effrayer tout homme

sensé. On avait cru qu'il n'était en tout que de trois millions depuis 1816 jusqu'en 1826; mais voici qu'une brochure du parti philosophique vient nous apprendre que, dans ces dix années, il s'est fait trente-cinq éditions de Voltaire, lesquelles ont donné quatre millions et deux cent mille volumes. Ajoutez à cela un nombre proportionné de volumes de Rousseau, Dupuis, et d'une infinité d'autres écrivains impies et séditieux, qui s'impriment tous les jours, sans le moindre obstacle; et vous verrez que ce ne sera pas trop d'en porter le nombre total à huit millions de volumes, car depuis deux ans on a redoublé d'activité. Qui ne frémira à cette seule pensée? Mais que serait-ce si nous parlions de ce nombre prodigieux de romans licencieux, dont le titre seul a de quoi révolter une ame tant soit peu honnête? Non, jamais l'enfer n'a travaillé avec autant d'activité à l'anéantissement de toute croyance et de toute vertu.

D. Quels moyens a-t-on pris pour fournir aux frais de ces immenses entreprises, et pour propager ces livres détestables?

R. 1.º Outre le zèle de plusieurs imprimeurs libéraux, qui espéraient bien ne point perdre leurs peines, il y a dans des principales villes une caisse bien alimentée par les libéraux. C'est par ce moyen qu'on a fourni les quatre cents millions que ces livres ont coûté seulement pour le papier et l'impression, depuis la révolution. C'est encore par ce moyen qu'on paie les colporteurs qui vont dans les villes, et surtout dans les campagnes, distribuer gratuitement quelquefois, et d'autres fois à un très-bas prix, ces livres pervers. 2.º Pour avoir plus tôt corrompu toutes les classes de la société, jusqu'au pauvre laboureur, on a imprimé le Voltaire de la grande propriété, le Voltaire de la moyenne propriété et le Voltaire des chaumières; afin que tous apprissent à se passer de la religion, des prêtres et des rois. 3.º Les philosophes, peu contens de travailler avec ce zèle diabolique à perdre la France, ont voulu encore pervertir les autres royaumes, particulièrement l'Italie et l'Espagne. C'est dans ces pays qu'ils ont eu le soin d'envoyer une quantité prodigieuse de ces productions infernales; et joignant la plus insigne hypocrisie à l'impiété, ils ont eu la sacrilége audace de faire passer en Espagne des volumes de Voltaire et de Rousseau, sous le titre de *Vie de saint Dominique*, de *saint Ignace*. Par-là les libéraux français se sont montrés imitateurs fidèles des philosophes allemands, qui voulant préparer la Grèce aux révolutions, lui envoyèrent, en 1812, un abrégé de Voltaire et de Rousseau en quatre volumes, traduit en grec moderne, et tiré à soixante mille exemplaires; ce qui fait en tout deux cent quarante mille volumes. Ce fait peut nous montrer, en passant, la vraie cause du vif intérêt que nos libéraux portent aux Grecs schismatiques et révoltés contre l'église romaine, tandis qu'on ne les entendra pas dire un seul mot en faveur des catholiques actuellement persécutés dans le même pays, pour leur attachement à la foi, et souffrant par suite de leurs menées philosophiques.

D. Parmi tant d'ouvrages corrupteurs, n'en est-il pas quelqu'un qui mérite d'être signalé spécialement à la vigilance des parens et des instituteurs?

R. Oui, celui qui a pour titre, *les Ruines de Parmyre*, par Volney, est un des plus dangereux qu'il y ait, non-seulement par les principes impies et séditieux qu'il contient, mais encore par un style séduisant, surtout pour les jeunes imaginations. *Peu de livres ont plus contribué à pervertir les écoles.*

D. Qu'était Volney, auteur des Ruines?

R. Volney était un pair de France, mort il y a peu d'années. Athée décidé, et chaud révolutionnaire, Volney enseigne dans son livre que Dieu n'est qu'un être *chimérique...... un vrai délire ac*

l'esprit.... que les monarques ou *les ministres* sont des *scélérats qui se* jouent *de la vie des peuples ,* etc. Pour comble de scandale, « *l'éloge de cet impie ,*
» *prononcé devant la chambre des pairs, a été im-*
» *primé à la tête de toutes les nouvelles éditions du*
» *livre des* RUINES. *Ainsi l'athéisme s'est présenté*
» *à la jeunesse comme couvert de la protection*
» *du premier corps de l'Etat. Ce n'est pas tout ,*
» *Volney , bravant jusque sur les bords de la tombe*
» *le Dieu dans les mains duquel il allait tomber ,*
» *laissa par son testament une somme de quatre*
» *vingt mille francs pour propager le livre des*
» RUINES, *et l'on assure qu'un noble personnage a*
» *exécuté les dernières volontés de cet athée avec*
» *une religieuse fidélité. Onze éditions de ce livre*
» *impie ont été données, plutôt que vendues, au*
» *public, depuis* 1817. *Il a été traduit en anglais*
» *et en espagnol* (1). »

D. Quels moyens faut-il prendre pour se préserver de la contagion des mauvais livres?

R. 1.º Les parens doivent avoir un soin et une vigilance extrême pour empêcher que leurs enfans ne lisent ces ouvrages corrupteurs, qui les auraient bientôt rendus impies et libertins. 2.º Il ne faudrait jamais acheter des livres aux colporteurs : ils sont ordinairement mauvais, et même quelquefois sous un titre pieux. 3.º On doit se défier beaucoup des livres qu'on ne connaît pas, surtout de ceux qui ont pour titre, *Biographie, Résumé d'histoire,* etc. 4.º La vraie prudence demanderait aujourd'hui qu'on n'achetât aucun livre, ou même qu'on n'en reçût pas

---

(1) Les RUINES sont en un seul volume in-18, dont les frais pour le papier et l'impression se montent tout au plus à un franc chaque exemplaire. Ainsi la somme léguée par l'auteur a pu en faire distribuer gratis quatre-vingt mille exemplaires. Voilà comment la doctrine la plus impie et la plus séditieuse se propage en France.

en présent, de personnes qui ne sont pas bonnes catholiques, sans s'être bien assuré auparavant qu'ils ne contiennent rien de mauvais. 5.º Enfin, si l'on a entre les mains quelqu'un de ces livres pervers, il faut absolument le jeter au feu, à moins qu'un confesseur sage n'en juge autrement. C'est surtout ce que doivent faire les parens et les supérieurs à l'égard de ceux que leurs enfans et leurs inférieurs se donneraient la liberté de lire.

CHAPITRE V. *Des Journaux libéraux.*

D. Les mauvais livres sont-ils le seul moyen que les philosophes ont pris pour perdre la société et la religion ?

R. Non ; ces MM. trouvent que les livres faits pour renverser l'autel et le trône n'opèrent pas encore assez promptement leur effet. Aussi, à ce premier moyen déjà si efficace, ils en joignent un autre qui le seconde puissamment, et qui bientôt aura rendu la France impie et républicaine ; ce sont les journaux philosophiques ou libéraux. Rien de mieux assorti à la frivolité de notre siècle. On se fatigue, après tout, de la lecture d'un livre trop long et quelquefois ennuyeux. D'ailleurs le temps manque, parce qu'il faut jouir et s'amuser. Il faut donc à ces MM. des feuilles quotidiennes qui, chaque matin, viennent piquer de nouveau leur curiosité et les faire rire aux dépens de la religion, des prêtres et des royalistes dévoués. Les écrivains impies de Paris l'ont très-bien compris. Aussi sur cent soixante et dix journaux qui s'impriment dans cette ville, sur la politique, la littérature et les arts, il y en a cinquante dirigés contre la religion et le trône. A leur tête paraissent le *Constitutionnel,* le *Courrier,* les *Débats,* le *Journal du Commerce* et le *Globe,* comme les régulateurs de toutes les autres feuilles impies et séditieuses imprimées à Paris et dans les provinces. Parmi ces écrivains, c'est à qui se distinguera davantage par son audace et ses attaques violentes contre l'ancienne croyance et la vertu ; et ces feuilles infernales sont répandues avec tant de profusion qu'on les trouve dans tous les cafés, dans plusieurs auberges, et jusque dans la boutique de l'artisan et la chaumière du pauvre laboureur ; elles sont lues avec tant d'avidité et par un si grand nombre, qu'elles ont rendu la France presque toute libérale.

D. Pourriez-vous marquer plus en détail quel est le but des libéraux dans leurs feuilles ?

R. Les libéraux veulent, 1.º que tous les royalistes en place soient destitués ; 2.º que la chambre des députés actuelle soit renvoyée, parce qu'elle n'est pas encore assez libérale ; 3.º que les Jésuites soient expulsés ; 4.º que les petits séminaires d'abord (et ensuite les grands) soient soustraits aux évêques, parce que la France, d'après eux, a trop de prêtres, et que les lumières du siècle ne peuvent s'accommoder du régime sacerdotal ; 5.º qu'on supprime à jamais les couvens des trapistes, ceux des femmes uniquement occupées de la prière, et même les établissemens des frères des écoles chrétiennes et toutes les congrégations religieuses ; 6.º enfin, quiconque connaît bien ces MM. sait, à ne pouvoir en douter, qu'ils ne veulent plus ni évêques, ni prêtres, ni personnes pieuses, ni rien, en un mot, qui tienne tant soit peu au catholicisme, dont ils veulent débarrasser la France. Après cela ne serions-nous pas bientôt des impies et des révolutionnaires ? Voilà, n'en doutons point, les vœux les plus ardens des rédacteurs des feuilles libérales.

D. De quels moyens se servent les journalistes des libéraux, pour propager leur doctrine désastreuse ?

R. Ils emploient, 1.º le mensonge et la calomnie avancés avec assurance. En cela ils se montrent fidèles aux leçons de leur patriarche Voltaire. Le mensonge, écrivait ce philosophe à son ami Thiriot en 1736 : « *Le mensonge est une grande vertu* » *quand il peut faire du bien ; ainsi il faut mentir* » *non pas seulement quelquefois et timidement, mais* » *hardiment et toujours.* » Jamais, peut-être, avis n'a été suivi avec plus de ponctualité par ces MM. En effet, il faudrait plusieurs volumes pour énumérer seulement les calomnies et les mensonges impudens consignés dans leurs feuilles. Chaque matin en voit paraître de nouveaux, ou de répétés de la veille. Un seul trait pris entre dix mille, peut montrer leur audace. Il y a déjà plusieurs années qu'un sous-préfet releva dix mensonges bien comptés dans un seul article de l'une de ces feuilles. Du reste, si une personne honnête vient à être l'objet de ses calomnies, qu'elle ne prenne pas la peine de réclamer auprès des calomniateurs. Ce serait peine perdue, quand même elle écrirait trois ou quatre fois. Ces écrivains ont toujours une place, dans leurs colonnes, pour attaquer les honnêtes gens, et jamais, ou presque jamais, pour rétracter ces mêmes calomnies.

2.º L'hypocrisie. On n'a qu'à lire leurs ouvrages, et surtout à entendre leurs discours particuliers, pour se convaincre, jusqu'à l'évidence, qu'ils sont les ennemis jurés de la religion et des rois. Lisez cependant quelques-uns de leurs articles, et vous les entendrez faire une profession solennelle de royalisme et presque de piété. S'ils poursuivent les prêtres, c'est pour faire cesser les abus, détruire les scandales et épurer la religion. S'ils attaquent les royalistes, c'est que ces royalistes ne peuvent, d'après eux, que perdre le roi. Eux seuls, libéraux, sont les plus vrais, comme les plus fermes appuis du trône. Quelle insigne hypocrisie !

3.º La sottise, oui, je ne crains pas de le dire : MM. du *Constitutionnel*, du *Courrier*, des *Débats* et plusieurs autres folliculaires libéraux, mêlent à leurs phrases brillantes et à leurs traits d'esprit des extravagances et des absurdités qui font rire chaque jour les gens sensés. Écoutez ces grands génies : ils vous répéteront jusqu'à satiété, que les *prêtres sont parvenus à la souveraineté*, tandis qu'il ne leur est pas permis de repousser les calomnies dont ils sont accablés journellement : que *le sol français est couvert de monastères*, comme tout le monde voit : *que les Jésuites ont la plus grande influence dans les affaires, et disposent de toutes les places :* en un mot, qu'ils font tout en France. Cependant ces folies sont crues par une infinité d'imbécilles du grand siècle dont plusieurs portent la bêtise jusqu'au point d'écrire *à M. le général des Jésuites à Montrouge*, pour demander l'un une place dans les douanes royales, l'autre une place de greffier de juge de paix ; celui-ci un emploi dans les chasses royales, et celui-là un débit de tabac pour sa femme !

D. Peut-on, en conscience, lire les feuilles libérales?

R. Rien de plus dangereux, rien par conséquent de plus rigoureusement défendu par la raison éclairée de la foi, que la lecture de ces feuilles quotidiennes où l'on ne peut que puiser un souverain mépris pour la religion, pour ses ministres et pour tout ce qui la concerne, et où par conséquent la foi et la vertu ne peuvent que faire naufrage. Eh ! n'est-ce pas ce que prouve une malheureuse expérience de tous les jours ? Certes, si l'église, toujours conduite par le Saint-Esprit, défend sous les peines les plus rigoureuses la lecture d'un livre qui ne renferme que quelques propositions erronées ; combien plus sévèrement doit-elle défendre de lire des écrits qui partout, et souvent avec une adresse diabolique, enseignent l'impiété, sous le masque d'une religion épurée ? C'est ainsi qu'en a jugé le pape qui, depuis plusieurs années, a prohibé l'introduction de ces feuilles dans tous ses états. C'est ainsi encore qu'en ont jugé plusieurs évêques de France, qui dans leurs mandemens ont interdit à leurs diocésains la lecture de ces écrits pervers. Y aurait-il de la prudence de s'écarter de règles aussi sages ?

RÉCAPITULATION DE LA PREMIÈRE PARTIE.

Voilà donc les maux affreux qui pèsent sur la France. La désastreuse philosophie avec ses livres et ses journaux irréligieux et incendiaires : les premiers principes oubliés ou méconnus : l'impiété levant audacieusement la tête et menaçant de tout envahir : des crimes inouïs et sans nombre, suite naturelle des mauvaises doctrines. Ah ! sans doute, c'en serait fait de la foi en France, si nous n'attendions notre secours que de la terre. Mais rassurez-vous, Français fidèles, il est encore dans le royaume très-chrétien un bon nombre d'ames justes qui tous les jours s'offrent en sacrifice pour obtenir grâce et miséricorde en faveur de cette malheureuse patrie. Unissons-nous donc à elles, et faisons tous ensemble une sainte violence au Ciel : demandons à Dieu, par des prières ferventes et continuelles, qu'il daigne inspirer à ceux qui nous gouvernent le courage nécessaire pour accorder une protection franche à la religion catholique et à ses ministres, aux Jésuites et aux congréganistes; en un mot, à tous ceux qui, par leurs vertus et leurs lumières, sont propres à faire triompher la double cause de la religion et de la royauté. Demandons, surtout, le retour sincère aux principes catholiques, qui seuls peuvent sauver la France. Demandons-le sans cesse, et nous l'obtiendrons. Et alors les vrais remèdes étant appliqués aux maux de notre patrie, l'impiété sera confondue, le monstre de la révolution terrassé, la foi et la légitimité demeureront victorieuses, et nous pourrons entonner le cantique de notre délivrance.

SECONDE PARTIE.

REMÈDES AUX MAUX DE LA SOCIÉTÉ, PARTICULIÈREMENT
EN FRANCE.

CHAPITRE I.er *Du clergé catholique.*

D. Qu'est-ce que le clergé catholique ?

R. C'est le corps des ecclésiastiques, élevés par
J. C., souverain législateur de l'univers, à l'ordre
le plus sublime qui existe sur la terre, et munis du
pouvoir le plus étonnant, celui de faire descendre
ce même J. C. tous les jours sur nos autels, et
de remettre en son nom les péchés des hommes,
quelque nombreux et énormes qu'ils puissent être.
Ce corps se compose du pape, évêque de Rome
et chef suprême de l'église; des évêques établis
pour le gouvernement spirituel des diocèses, et unis
au pape; enfin des curés préposés à la direction
des paroisses, et des autres ecclésiastiques travaillant
tous, sous la dépendance de leur évêque respectif,
à procurer le bien spirituel des fidèles.

D. Pourquoi J. C. a-t-il établi l'ordre du clergé?

R. Pour éclairer et sanctifier tout l'univers.
Allez, instruisez toutes les nations et les baptisez...
Celui qui vous écoute, m'écoute moi-même; celui qui
vous méprise, me méprise moi-même.... Je suis avec
vous jusqu'à la consommation des siècles. C'est ainsi
que J. C., maître du ciel et de la terre, parle à
ses Apôtres, et en leur personne à tous les pasteurs
qui, jusqu'à la fin du monde, leur succéderont dans
l'ordre légitime. Oui, telle est la mission sublime
que le clergé a reçue, non pas des hommes, quelque
puissans et élevés qu'ils soient; mais d'un Dieu
même qui sera toujours avec lui *enseignant,* selon
sa promesse infaillible, et qui regardera comme
fait à lui-même l'outrage fait à ses représentans

spirituels. Qu'ils tremblent donc tous ces impies qui, au mépris de la parole de J. C., osent attaquer et tenter de détruire un ordre tout divin et qui a des promesses d'une durée éternelle. Quoi ! ils ont l'audace de s'en prendre aux ministres d'un Dieu ! Ah ! qu'ils sachent que c'est le toucher lui-même à la prunelle de l'œil, et que s'ils ne changent de conduite, il en tirera, tôt ou tard, une vengeance éclatante.

D. Le clergé a-t-il toujours véritablement éclairé et sanctifié l'univers ?

R. Oui, et c'est ce qu'atteste l'histoire. En effet, les apôtres, premiers membres et chefs du clergé, lorsqu'ils reçurent cette haute mission de J. C., trouvèrent tout le monde plongé dans les erreurs monstrueuses du paganisme, et dans tous les vices abominables qui en sont la suite. Pleins de l'esprit divin, qui parlait par leur langue, ils annoncent l'Évangile et aussitôt l'erreur est dissipée, le vice proscrit et abhorré, et l'univers s'étonne de se voir chrétien, c'est-à-dire, éclairé des plus pures lumières et orné des plus sublimes vertus.

D. Mais ce qu'ont fait les Apôtres a-t-il été continué dans tous les siècles par le clergé ?

R. Oui, et c'est encore l'histoire qui nous apprend cette vérité. Certes, il faudrait un volume entier pour former la liste seule des évêques, des prêtres et des autres ecclésiastiques qui ont paru comme des astres bienfaisans pour éclairer et remplir de vertus l'univers moral. Quels hommes a-t-on jamais vus plus savans et plus pieux qu'un saint Bazile, qu'un saint Chrysostôme, un saint Ambroise, un saint Augustin, un saint Jérôme, et une infinité d'autres ? Ce qu'on a vu dans les premiers siècles de l'église, on l'a vu, à proportion, dans les siècles suivans. Quel prodige de science et de piété dans un saint Bernard, au 12.ᵉ siècle, appelé siècle d'ignorance ! Lisez ses ouvrages admirables, et vous verrez que jamais on n'écrivit ni avec une science plus élevée, ni avec une piété plus tendre. Poursuivez les époques les plus récentes de l'histoire, et vous trouverez les habiles et pieux adversaires des deux grands séducteurs du 16.ᵉ siècle, Luther et Calvin. Mais que direz-vous des évêques et des prêtres qui ont illustré le siècle de Louis XIV ? Les noms seuls de Bossuet, de Fénélon, de Bourdaloue, de Massillon et de tant d'autres, ne sont-ils pas au-dessus de tout éloge ? Et le clergé de nos jours est-il donc dépourvu de lumières et de vertus ? Certes, les attaques journalières des impies, dont il est l'objet, prouvent évidemment que la plupart de ses membres sont ce qu'ils doivent être, éclairés et pieux.

D. Les lumières et la sainteté véritables, sont-ce là les seuls biens qu'a produits le clergé ?

R. L'histoire est encore là pour montrer les services innombrables et importans que le clergé a rendus à la société toute entière, et qui devraient lui attirer une reconnaissance éternelle. Pourquoi, en effet, la France a-t-elle été pendant quatorze siècles le plus beau royaume de l'univers ? C'est, répond Gibbon, historien anglais et peu suspect, parce que *la France est un royaume fondé par des évêques.* D'où sont sortis les ministres d'état qui ont le plus illustré les divers règnes ? Du clergé. Les noms à jamais mémorables de l'abbé Sugger, des cardinaux Ximenès, de Richelieu, etc., en sont une preuve sans réplique. Que dirons-nous des monumens et des établissemens publics et sans nombre élevés dans toutes les provinces catholiques par des évêques ou des prêtres ? A qui doit-on ce nombre prodigieux d'hôpitaux, cette admirable congrégation de vierges qui souvent quittent une grande fortune, pour aller servir les membres souffrans de J. C.? Qui a procuré aux vieillards, aux infirmes de toute espèce, et même aux malheureux aliénés , un asile assuré contre tous les maux ? Enfin qui conserve tous les ans, dans notre France coupable, tant de milliers d'enfans nés du crime, et qui, sans une main secourable, auraient péri par un crime encore plus affreux ? Ah ! j'entends tout le monde, et les philosophes eux - mêmes, s'écrier d'une même voix, c'est le grand saint Vincent de Paul, cet humble prêtre, qui, né pauvre , trouva dans son immense charité le moyen de soulager toutes les misères, sauva d'une ruine entière la Lorraine et la Picardie, entreprit et consomma ce que les plus grands potentats n'auraient osé entreprendre , et qui trouva enfin dans sa profonde sagesse le secret de perpétuer son œuvre jusqu'à la fin des siècles.

D. N'auriez - vous pas un témoignage éclatant rendu, en particulier, au clergé français ?

R. Oui ; M. de Conny prononça , le 3 mai 1828 ; à la chambre des députés, un discours solide sur cette matière, dont voici un extrait : « *Certes ,* « *Messieurs, le clergé français n'a pas besoin* » *qu'une faible voix s'élève pour le défendre. Ses* » *vertus, son zèle éclairé , son ardente et inépuisable* » *charité, les bienfaits immenses dont il a couvert* » *notre pays , parlent assez haut pour répondre* » *aux impuissans efforts de ses détracteurs. Nous* » *sommes trop français pour perdre la mémoire de* » *pareils bienfaits. Tous les monumens de notre* » *histoire les attestent. Le clergé a civilisé les* » *Gaules : nous lui devons les premiers pas que* » *nous fîmes hors des routes de la barbarie , et* » *il alluma autrefois le flambeau des sciences et* » *des lettres dans notre patrie. Il a couvert le sol* » *que nous habitons, de monumens dont les débris* » *attestent encore la puissance de cette religion qui* » *a civilisé, éclairé et consolé la terre.* » Que les libéraux viennent , après cela, nous parler de l'ignorance, de la dépravation et de l'avarice prétendues des prêtres. Nous leur répondrons hardiment qu'ils sont des calomniateurs insignes, et que leur propre cœur dément les mensonges qu'ils avancent. Sans doute que sur près de quarante mille prêtres qui sont en France, il en est quelques - uns qui n'honorent pas toujours la sainteté de leur caractère par une conduite édifiante. Mais depuis quand a-t-il été jugé que la faute de quelques-uns pouvait être justement imputée à tous les innocens du même état ? Parce que dans le collége de J. C. il y a eu un Judas, les autres Apôtres en ont-ils été moins saints, et a t-on jamais mis sur leur compte la trahison infâme de ce malheureux disciple ? A-t-on, dans les premiers siècles de l'église, parlé de parti apostolique, comme on parle aujourd'hui du *parti prêtre* ?

D. Si tout le bien que vous dites du clergé est véritable, comment expliquerons-nous tout le mal qu'on en dit si souvent dans les journaux ?

R. La chose est bien facile. Les ennemis du clergé sont aussi les ennemis de Dieu et de tout bien. Ils ont juré, au moins les principaux d'entre eux, de faire disparaître de dessus la terre toute vérité et toute vertu, avec la religion qui les enseigne et les commande : jugez quel doit être leur acharnement contre les prêtres chargés de faire triompher l'une et l'autre ! C'est là ce qui explique cette haine implacable qu'ils ont vouée, surtout aux missionnaires, à ces hommes vénérables qui, dévorés du zèle du salut des ames, vont les chercher en tant de lieux différens. Tout le monde sait que des conversions éclatantes, des réconciliations consolantes, des restitutions considérables, la cessation de grands scandales, sont toujours et partout le fruit de leur zèle apostolique; en un mot, que tous les pas de ces ministres admirables sont marqués par des bienfaits signalés. Eh bien ! c'est précisément pour cela qu'ils seront haïs et détestés des folliculaires libéraux : ils diront sérieusement, ces impies, que les missionnaires sont *hors la loi*, c'est-à-dire, qu'on peut s'en défaire comme d'un animal malfaisant ; qu'*une mission est une sorte de crime.*

C'est d'après un tel enseignement, et les diatribes de ces écrivains, que toutes les fois qu'une mission se prépare dans une ville, les impies, poussés par un zèle satanique, font tous leurs efforts, qu'ils envoient même quelquefois de Paris une troupe de comédiens, pour empêcher la mission, ou du moins pour la traverser et en détruire le fruit. C'est encore ce qui poussa, il y a peu d'années, un misérable libéral à une telle barbarie contre un missionnaire, dans la ville de Rouen, qu'il l'aurait laissé mort sur la place, si un catholique zélé ne l'eût arraché de ses mains : combien donc n'est-elle pas détestable la doctrine qui porte à de pareils excès ! combien pervers les hommes qui la proclament hautement dans le royaume très-chrétien !

CHAPITRE II. *De la société de Jésus.*

D. Quel fut le fondateur de la société de Jésus ?

R. Ignace de Loyola, l'un des hommes le plus justement célèbres, et l'un des plus grands saints qui aient paru au 16.e siècle. Et 1.º l'un des hommes le plus justement célèbres : en effet, arrivé presque après tous les instituteurs d'ordres religieux, Ignace, dans l'établissement de sa société, sut si bien profiter de tout ce qu'il y avait de meilleur dans les règles monastiques composées auparavant, il l'arrangea avec un tempérament si admirable, il l'adapta aux besoins de ses disciples avec tant d'à-propos et de prudence, il s'y montra, en un mot, si prévoyant et si rempli de l'esprit de Dieu, que ses constitutions sont, au jugement des auteurs les plus sensés, un véritable chef-d'œuvre de sagesse. Aussi un grand ministre de France ne craignait-il pas d'avancer qu'avec la règle d'Ignace, il se sentait capable de gouverner l'univers entier. Mais ce qui est bien plus glorieux pour Ignace, c'est que son admirable institut a été loué, et approuvé par dix-neuf papes, et déclaré *PIEUX* par un concile général, celui de Trente, l'organe même de l'Esprit-Saint. 2.º Ignace de Loyola est un des plus grands Saints qui aient paru au 16.e siècle. Qu'on lise sa vie, et on verra en lui un homme véritablement *puissant en œuvres et en paroles*, un homme doué des vertus les plus sublimes, dévoré par le zèle du salut des âmes, et ne cherchant en toutes choses que *LA PLUS GRANDE GLOIRE DE DIEU*, ainsi qu'il le disait souvent de bouche, mais plus encore par toutes ses démarches.

D. En quoi la société des Jésuites s'est - elle distinguée ?

R. Quiconque n'a pas les yeux fascinés par la philosophie, et surtout par le jansénisme, verra clairement dans l'histoire, qu'aucun corps religieux, sans exception, n'a, dans le même espace de temps, fourni tant de saints et d'hommes célèbres, et rendu tant de services à la religion, aux sciences et à l'humanité. 1.º *A la religion.* C'est de cette célèbre compagnie qu'est sorti l'apôtre des Indes et du Japon, saint François Xavier, qui, nouveau Paul, comme l'appelle un protestant même, porta le flambeau de la foi dans près de trois cents royaumes, qui baptisa de sa main sept cent mille infidèles et renversa quarante mille idoles. C'est à elle qu'appartenait saint François Régis, qui par ses travaux apostoliques a sanctifié plusieurs de nos provinces. C'est elle qui a produit douze mille missionnaires et sept cents prédicateurs généreux qui ont signé de leur sang les vérités qu'ils annonçaient. Ce sont les Jésuites qui ont conquis à la foi de J. C. le vaste empire de la Chine, la plus grande partie de l'Amérique, et rempli tout l'Orient des œuvres admirables de leur zèle. Enfin ce sont les Jésuites qui, pendant 233 ans qu'a duré leur société, ont procuré à une infinité de jeunes gens l'éducation la plus chrétienne, la plus solide et la plus soignée. 2.º *Aux sciences.* Contentons - nous , pour abréger une matière immense, d'un témoignage de M. de Chateaubriand, bien court, mais expressif. *L'Europe savante,* dit cet auteur, *a fait une perte irréparable dans les Jésuites.* Cela dit plus que tous les détails. 3.º *A l'humanité.* Ici quel vaste champ s'ouvre devant moi ! je vois les contrées les plus inaccessibles devenir la conquête des Jésuites. Les Sauvages, Hurons, Iroquois, et cent autres peuplades dégradées apprennent des enfans d'Ignace, d'abord à devenir des hommes, et ensuite à pratiquer ce que le christianisme a de plus parfait. Mais c'est surtout dans le Paraguay qu'on voit toute l'ardeur et l'adresse de leur zèle, de leur tendre charité. Ils vont, ces généreux apôtres, une croix à la main, recueillir dans les bois des êtres qui ont à peine la figure d'hommes et toutes les habitudes des bêtes, et de ces hommes abrutis ils en font un peuple unique, une société de parfaits chrétiens.

D. Pourriez-vous produire des témoignages non suspects en faveur des Jésuites ?

R. Rien de plus facile. Écoutez donc des témoins irrécusables en faveur d'une compagnie aujourd'hui violemment persécutée.

Bacon, protestant : « *Etant ce que vous êtes,* » dit-il aux Jésuites, *faut-il que vous ne soyez pas* » *des nôtres!........* Voyez, continue-t-il, les écoles » des Jésuites : rien de mieux que ce qu'on y » pratique. »

Grotius, aussi protestant : *Les Jésuites ont une grande autorité dans le monde, à cause de la sainteté de leur vie, et parce qu'ils instruisent avec succès la jeunesse dans les lettres et les sciences. Ils commandent avec sagesse et obéissent avec fidélité.*

Lalande, astronome. *Le nom de JÉSUITE intéresse mon cœur, mon esprit et ma reconnaissance.......* *La retraite, la frugalité, le renoncement aux plaisirs faisaient de cette société le plus admirable assemblage de science et de vertu. Je les ai vus de près, c'était un peuple de héros pour la religion et pour l'humanité.*

Voltaire. *Pendant les sept années que j'ai vécu dans la maison des Jésuites, qu'ai-je vu chez eux ? la vie la plus laborieuse, la plus frugale, la plus réglée... J'en atteste des milliers d'hommes élevés comme moi.*

Raynal. *Rien n'égale la pureté des mœurs, le zèle doux et tendre, les soins paternels des Jésuites du Paraguay.*

Après de pareils témoignages, on nous dispensera sans doute de rapporter ceux de Bossuet, Fénélon et d'une infinité d'autres, qui n'en seraient pas cependant moins concluans. Mais ce que je ne saurais taire, ce sont les réclamations de 130 évêques de France à l'époque de la suppression de la société, et les plaintes qu'ils firent entendre sur le vide immense que cette suppression faisait dans l'enseignement. Eh ! quel bien n'étaient pas capables de faire vingt mille jésuites existans en 1773, et tous remplis de l'esprit de saint Ignace ! Quel malheur en particulier pour la France, que les cent colléges dépourvus de ces maîtres habiles !

D. Les Jésuites ne sont-ils pas des ambitieux ?

R. Si par ambition vous entendez le zèle du salut des ames, il faut l'avouer, les Jésuites sont les plus ambitieux des hommes, et leur ardeur est vraiment incomparable, comme ils l'ont prouvé depuis près de trois siècles. Mais si par ambition vous entendez la soif de l'or, des honneurs et des plaisirs, je dirai hardiment que c'est à la fois la chose la plus injuste et la plus insensée, d'accuser d'ambition des hommes qui, de l'aveu même de leurs ennemis, mènent une vie pauvre, austère et retirée, dont la maxime et la règle invariable est de n'aspirer à aucune distinction humaine, et de n'attendre de récompense que du ciel.

D. Pourquoi donc les jésuites ont-ils tant d'ennemis ?

R. Parmi les ennemis des Jésuites, il en est un grand nombre qui ne les connaissent que d'après les calomnies insignes des journaux impies et révolutionnaires : faut-il s'étonner qu'ils crient contre ceux qu'on leur dépeint comme des *scélérats* ? Quant à ceux qui, connaissant les Jésuites, sont néanmoins leurs ennemis, on doit nécessairement les compter parmi les impies, ou les révolutionnaires, ou bien les jansénistes : il n'y a pas de milieu. Aux yeux de ces hommes, les Jésuites sont coupables de trois crimes irrémissibles : 1.º ils respectent particulièrement le pape, et ont même fait vœu de lui obéir. Voilà ce qui portait d'Alembert, digne ami de Voltaire, à appeler les Jésuites, *les grenadiers du pape*, et à s'étonner que Clément XIV eût *licencié sa garde*, en supprimant la société. 2.º Ils sont d'habiles instituteurs de la jeunesse. 3.º Et les plus mortels ennemis de l'impiété et des mœurs corrompues. Jugez de là avec quel acharnement doivent les poursuivre les jansénistes révoltés contre l'église romaine, les impies et les libertins qui veulent absolument faire prévaloir l'irréligion, et pervertir la société toute entière, en corrompant la jeunesse. Voilà ce qui leur fait dire que, *si les Jésuites deviennent puissans, l'avenir n'offre aucun espoir, aucune consolation.* O admirable société de Jésus ! que de pareilles attaques me donnent de l'estime et de la vénération pour vous ! vous n'avez pour ennemis que des aveugles qui ne vous connaissent pas, ou des ennemis de Dieu et de tout ordre. Quelle gloire ! mais quelle gloire, surtout, d'avoir pour vous J. C. et toutes les ames honnêtes qui savent apprécier vos services !

D. Mais d'où vient que Clément XIV a supprimé la société ?

R. C'est la philosophie de concert avec le jansénisme, qui s'étant emparés de presque toutes les cours d'Europe, forcèrent en quelque sorte ce Pontife à frapper, contre son inclination, un corps qu'il croyait ne pouvoir plus faire le bien, à cause des passions déchaînées contre lui. Tel est l'aveu formel de d'Alembert, qui déclare que *le jansénisme fut* (dans la suppression des Jésuites) *l'exécuteur de la haute justice pour la philosophie.......* D'ailleurs Clément XIV ne leur reproche aucun crime, et il ne prend cette mesure que pour céder à la nécessité. Mais ce qui est tout à l'avantage de la société, c'est qu'un des premiers actes de Pie VII, de retour à Rome, après une prison de cinq ans, fut de rétablir la société par une bulle solennelle, donnée en 1814, et contenant l'éloge des Jésuites. C'est dans ce décret mémorable que Pie VII déclare hautement qu'il se croirait *coupable devant Dieu d'une faute très grave, si, au milieu des besoins pressans qu'éprouve la chose publique, il négligeait de lui porter des secours salutaires, et s'il rejetait LES RAMEURS ROBUSTES ET EXPÉRIMENTÉS qui s'offrent pour rompre la force des vagues qui menacent, à tout instant, de nous engloutir dans un naufrage inévitable.*. Certes, un tel rétablissement est bien plus glorieux que la suppression n'avait été humiliante. Un Pape cédant à la nécessité des temps, supprime les Jésuites, sans les accuser ; un Pape pleinement libre les rétablit et les donne, comme des auxiliaires vigoureux, à l'église persécutée par l'impiété.

CHAPITRE III. *Des ultramontains.*

D. Que signifie ce terme d'ultramontain dans la bouche des libéraux ?

R. Ce mot a absolument chez eux la même signification que celui de catholique. Ils n'osent par encore combattre ouvertement cette dénomination. Mais si on les laisse faire quelque temps, devenus les plus forts et s'emparant du pouvoir, ils ne se contraindront plus, ils déclareront une guerre ouverte aux catholiques. « *Non, non, diront - ils* » *alors, nous ne voulons plus de ces PAPISTES,* » *de ces FANATIQUES, en un mot, de ces catholiques* » *entêtés. Il faut absolument qu'ils changent ou* » *qu'ils périssent, parce qu'ils mettent un obstacle* » *invincible à l'exécution de nos projets philosophi-* »*ques.* »

D. Sur quoi fondez-vous votre assertion?

R. 1.º Les libéraux ont l'audace de travestir en chef de conspirateur le souverain Pontife. Léon XII, dans sa bulle du jubilé, se servant des paroles mêmes de l'Apôtre pour exhorter les fidèles à résister aux attaques des ennemis spirituels, leur conseille de prendre le bouclier de la foi, *scutum fidei;* aussitôt un journal libéral traduit le mot *scutum* par *gladium,* épée; il déclare que c'est là *un langage atroce, le signal des combats,* et il accuse le pape d'être *le vengeur d'une secte qui blasphème.* Peut on, je le demande, porter l'impiété, la calomnie et la méchanceté plus loin? 2.º Les libéraux veulent absolument qu'on établisse en France une église nationale, telle, par exemple, que celle d'Angleterre, où le prince souverain posséderait dans sa personne le principe et l'origine de toute juridiction spirituelle, déciderait souverainement sur les matières de dogme, et commanderait aux évêques et au reste du clergé, comme à de simples commissaires gagés. Telles sont, n'en doutez pas, les prétentions des libéraux : voyez, après cela, s'ils n'auraient pas bientôt anéanti le catholicisme dans le royaume très-chrétien.

Humble supplique au Roi.

O NOTRE BIEN - AIMÉ SOUVERAIN ! digne fils de saint Louis, qui ne respirez que pour le bonheur de vos sujets, vous cherchez la vérité, comme le *premier besoin des peuples* ; ah ! nous vous en prions, nous tous catholiques fidèles, nous vous en conjurons, les larmes aux yeux, demandez la cette vérité aux évêques, établis de Dieu pour l'annoncer aux rois comme aux peuples ; aux évêques, dont vos illustres aïeux s'entouraient habituellement, comme de leurs conseillers naturels ; demandez-la cette vérité à ces pontifes vénérables, dont vous connaissez tout l'attachement et le respect pour votre personne sacrée. Interrogez-les, et sans doute ils vous montreront, auprès de votre trône, l'abîme où l'impiété et l'anarchie s'attendent à précipiter bientôt, en France, la religion et la royauté. Alors saisi d'une juste frayeur, votre cœur paternel cherchera les moyens les plus efficaces pour guérir les maux de votre royaume. Ah ! Sire, daignez prendre le plus prompt et le seul capable de cicatriser tant de plaies. Réunissez, nous vous en supplions, un concile national. C'est là que les évêques de France, de concert avec le souverain pontife, établiront les règles de discipline, propres à réformer les mœurs de votre peuple et à préparer un heureux changement. Alors la loi divine étant accomplie, et le peuple devenu meilleur, votre *trône sera* à jamais *affermi par la justice.*

VIVE LA RELIGION CATHOLIQUE !

VIVE LE ROI !

LYON, IMPRIMERIE DE RUSAND. — 1829.

PRIÈRE POUR LA FRANCE.

Tous les bons Catholiques sont invités à la réciter chaque jour.

Seigneur, sauvez-nous, nous périssons. C'est avec vos Apôtres, ô mon divin Sauveur, que nous vous adressons cette prière : sauvez-nous, Seigneur, l'orage gronde sur nos têtes ; et si vous ne venez à notre secours, nous périssons.

O notre bon Maître ! vous qui calmez les flots de la mer, opposez une digue puissante au torrent de l'impiété qui menace de tout engloutir.

O Dieu fort ! confondez les ennemis de votre saint nom ; détruisez cet esprit de vertige et d'erreur qui séduit tous les jours un si grand nombre d'ames ; consolez enfin vos adorateurs fidèles qui gémissent en secret sur la corruption qui les environne.

Ayez pitié de nous : nous reconnaissons que nous avons péché ; c'est à juste titre que votre colère s'est appesantie sur la France ; mais, ô mon Dieu, si la justice vous appartient, vous disposez aussi de la miséricorde ; vous conduisez aux portes du tombeau et vous rappelez à la vie. Nous vous dirons donc avec l'aveugle de Jéricho : faites-nous voir, et une lumière céleste viendra éclairer nos pas. Confondez, Seigneur, les desseins des impies qui s'efforcent de nous séparer du centre de l'unité catholique, de ce FONDEMENT INÉBRANLABLE de la foi, que vous avez établi à Rome dans la chaire de S. Pierre. Ah ! daignez entretenir et augmenter en nous l'attachement, la vénération et l'obéissance envers le souverain Pontife, votre vicaire sur la terre. Affermissez-nous dans ces sentimens si nobles et si nécessaires, à proportion des efforts que fait l'impiété pour les anéantir dans tous les cœurs. Seigneur, sauvez le Roi. Donnez-lui le courage et la force de terrasser le monstre de l'impiété. Dieu de bonté, conservez en France la foi catholique, apostolique et romaine, ce don si précieux sans lequel notre raison n'est que ténèbres. Jetez les yeux sur votre cher Fils, sur cette adorable victime qui vous est offerte chaque jour pour tous les pécheurs; c'est au nom de son adorable Cœur, au nom de l'auguste Vierge Marie, au nom de saint Michel Archange, et de tous les Anges gardiens de la France, que nous vous supplions de renverser les complots de l'enfer, afin que l'univers connaisse que vous êtes le Dieu puissant et le Dieu fort, en qui le pauvre trouve son refuge et le faible son salut. Ainsi soit-il.

VIVE JÉSUS !

QUE LES ENNEMIS ET LES BLASPHÉMATEURS DE SON NOM ADORABLE SOIENT CONFONDUS.